DISCOURS

PRONONCÉS SUR LA TOMBE DE

M. Etienne BUISSON

docteur en médecine à Auberchicourt

LE 23 JUILLET 1877

———

DOUAI

IMPRIMERIE & LIBRAIRIE A. DURAMOU

60, rue St-Jacques, 60

1878

DISCOURS

PRONONCÉS SUR LA TOMBE DE

M. Etienne BUISSON

docteur en médecine à Auberchicourt

LE 23 JUILLET 1877

DOUAI

IMPRIMERIE & LIBRAIRIE A. DURAMOU

60, rue St-Jacques, 60

1878

DISCOURS

de M. LE GONIDEC sous-préfet

A DOUAI

DISCOURS

de M. Le Gonidec, sous-préfet à Douai

MESSIEURS,

Il ne m'appartient pas de rappeler la longue existence et les éminentes vertus de l'homme de bien auquel nous rendons aujourd'hui les derniers honneurs.

Vous l'avez connu, vous l'avez aimé, votre estime, votre gratitude ont été la récompense et la gloire de sa vie.

L'affluence des personnes venues de toutes parts à cette triste cérémonie, cette douleur, ces regrets unanimes sont le plus bel éloge qui puisse être prononcé sur sa tombe.

Cependant, messieurs, si le zèle, la charité, le dévouement de M. le docteur Buisson se sont particulièrement exercés au milieu de vous, il n'en a pas moins contribué, dans la sphère restreinte où il a voulu vivre, à cette œuvre si éminemment sociale de l'amélioration du sort des classes ouvrières, œuvre qui nous est si chère et nous préoccupe à un si haut point. A ce titre, et comme représentant du gouvernement dans ce pays, permettez-moi de rendre un suprême hommage à celui qui fut non-seulement un homme de grand savoir, mais qui fut aussi pour l'umanité un bienfaiteur et un noble exemple.

La France avait depuis longtemps contracté une dette envers lui. J'avais espéré contribuer à la faire acquitter et déjà le décret qui nommait M. le docteur Buisson chevalier de la Légion d'honneur était à la signature de M. le Maréchal-Président de la République.

Cette haute distinction nationale n'eût pas ajouté à la considération exceptionnelle que M. Buisson devait à son seul mérite; elle lui avait déjà été décernée depuis bien des années par le vœu de l'opinion publique et sa grande modestie était assez connue pour que je puisse dire que notre satisfaction, Messieurs, en voyant la croix des braves sur ce noble cœur, eût certainement dépassé la sienne.

La Providence n'a pas permis que cet acte de justice fût accompli; elle a réservé pour une vie meilleure les récompenses entières.

Inclinons-nous, Messieurs, et disons avec foi sur cette tombe d'un chrétien: Bienheureux ceux qui meurent dans le Seigneur, leurs œuvres les suivront.

DISCOURS

de M. Emile VUILLEMIN, ingénieur, directeur-gérant

DES MINES D'ANICHES

DISCOURS

de M. Émile Vuillemin, ingénieur, directeur-gérant des mines d'Aniche.

Messieurs,

La présence de l'universalité des habitants d'Auberchicourt et d'Aniches, le concours des si nombreuses populations accourues de toutes les communes environnantes, pour rendre les derniers devoirs au docteur Buisson, témoignent, bien plus éloquemment qu'aucun discours, du deuil général que cause la perte de cet homme de bien, de ce véritable bienfaiteur de la contrée, et des sentiments de vive affection, de profonde vénération et de sincère reconnaissance qui entourent sa mémoire.

Permettez-moi cependant d'exprimer plus particulièrement, au nom de l'administration et du personnel des mines d'Aniche, ces sentiments que nous éprouvons tous, et de rappeler en quelques mots, les grandes qualités, les innombrables bienfaits et les immenses services rendus à plusieurs générations, par le médecin si distingué, si modeste, si bon, si charitable, si désintéressé, par l'ami dévoué que nous pleurons.

Né à Terrasson (Dordogne) en 1800, M. Buisson, docteur de la Faculté et interne des hôpitaux de Paris, fut appelé par la Cie des mines d'Aniche en 1826, il y a plus de cinquante ans, aux fonctions de chef du service de santé de cet établissement, qu'il a exercées, sans discontinuité, jusqu'à ses derniers moments. Pendant ce long espace de temps, de plus d'un demi-siècle, il n'a pas cessé de prodiguer ses talents, développés constamment par l'étude et l'expérience, aux ouvriers non-seulement des mines mais des verreries et des autres établissements industriels, aux pauvres, et à toute la population de la contrée. Ses collègues vous diront l'importance qu'ils attachaient à ses mérites, à ses lumières, à ses avis dans les si nombreuses consultations où il était appelé. Mais il n'est pas besoin de vous dire, Messieurs, à vous qui tous, en avez été témoins chaque jour, avec quelle abnégation de son bien-être et de sa

santé même, avec quel désintéressement,
quel zèle, quel dévouement et quelle bonté,
il accourait à l'appel de tous ceux qui souf-
fraient.

Aucun obstacle, aucune fatigue ne l'arrê-
taient, jamais de repos, de distractions : il
était tout entier et toujours à la disposition
de tous. Un profond sentiment du devoir,
l'amour de son art, le désir d'être utile et
un véritable attachement pour ses malades,
le guidaient seuls et le soutenaient dans
cette vie de dévouement.

Il n'est pas un habitant du pays qui n'ait
reçu de M. Buisson en même temps que les
secours de la médecine, des encourage-
ments, des marques d'intérêt et de bonté,
que l'on n'apprécie jamais aussi bien que
lorsqu'on est dans la douleur et dans l'af-
fliction. Aussi, depuis l'enfant jusqu'au
vieillard, tous connaissaient, aimaient,
vénéraient leur cher docteur comme leur
bienfaiteur compatissant, leur ami le plus
dévoué ; tous ont voulu l'accompagner de
leurs larmes jusqu'à sa dernière demeure
et lui dire un suprême adieu. Mais en le

quittant, nous emportons tous cette consolante espérance que Dieu, dans sa souveraine justice saura récompenser bien autrement qu'il ne nous appartient, cette longue vie de travail, de dévouement, consacrée entièrement au soulagement de l'humanité.

Puisse cette espérance, puisse le témoignage si unanime de regrets, d'affection, de vénération et de reconnaissance dont cette foule entoure la mémoire de leur père, apporter un adoucissement à la douleur de ses enfants si cruellement frappés déjà, il y a trois mois, par la perte de leur mère, une sainte et digne femme, dont la mémoire est chérie de tous comme celle de son mari.

Adieu, cher et honoré bienfaiteur,

Adieu.

DISCOURS

de M. Achille DUMONT, instituteur

A AUBERCHICOURT

DISCOURS

de M. Achille Dumont, instituteur à Auberchicourt

MESSIEURS,

La population d'Auberchicourt douloureusement frappée par une mort aussi prématurée qu'imprévue, obéissant à un sentiment de pieuse reconnaissance, vient mêler ses regrets, ses pleurs et ses prières aux prières, aux larmes et à la profonde douleur d'une famille éplorée et des membres de cette foule recueillie qui se presse dans cette enceinte funèbre.

Elle vient par ma voix, impuissante à traduire l'amertume dont nos cœurs sont remplis, adresser un suprême adieu à celui qu'elle s'est habituée depuis longtemps à appeler du doux nom du père.

Qui mérita jamais ce titre mieux que notre cher défunt? Qui, et dans quelle carrière, porta plus haut que lui l'accomplissement du devoir?

Hélas! nous l'avons perdu ce médecin qui éleva la pratique de son art jusqu'à la hauteur et la dignité d'un sacerdoce!

Oui, il n'est plus ce bon père, ce digne citoyen, ce bienfaiteur des classes nécessiteuses, cet homme qui faisait tant honneur à l'homme?

Des voix éloquentes et autorisées vous ont redit sa science profonde, sa grande expérience, son habileté, ses talents, tous ses mérites enfin!

Mais ce qu'on ne se lassera jamais d'entendre et qu'on ne rappelera jamais assez, c'est son dévouement, son abnégation de tous les temps et de tous les instants, son désintéressement relevé par une délicatesse du cœur qui savait à la fois sauvegarder la dignité et ménager les ressources de ceux à qui il avait prodigué les soins de son art.

Quelle preuve plus éloquente que ce deuil qui couvre notre commune depuis trois longs jours! que ces pleurs... que ce murmure de prières... que cette immense douleur dont ma parole n'est qu'un faible écho!

Adieu, père regretté qui, nous en avons la confiance, jouissez maintenant du bonheur des justes; du haut du ciel continuez à veiller sur vos chers orphelins.